戦争のころの少年少女たち

「欲しがりません、勝つまでは！」の時代に——

「子どもたちに伝える
平和のための資料展」
パネル集

岐阜空襲を記録する会

この本は…

今から約 80 年前のこと。日本は大きな戦争（せんそう）をいくつもする国でした。

戦争をしていたころの、子どもたちや学校はどんなようすだったのでしょう。

この本ではそれを紹介していきます。

日本が戦争に勝つことを信じて、小さくても必死で協力した小学生や中学生たちの、暮らしと学校生活を見てください。

この本は、パネル画集です。

毎年夏に、岐阜市が主催する『子どもたちに伝える平和のための資料展（しりょうてん）』で公開された企画展のなかから、戦時（せんじ）の子どもたちを取りあげたパネルを紹介しています。

テーマごとに一枚一枚、ながめるようにご覧いただければ幸いです。

←岐阜市司町、「ぎふメディアコスモス」で開催の『子どもたちに伝える平和のための資料展』（2017 年 7 月）

もくじ

1. 戦争のころの子どもたち

戦争の時の子どもたち

欲しがりません、勝つまでは！

　日本が戦争をしていたころの、小学生たちの資料展です。

　写真や絵も、よく見てください。

　みんな同じような髪がた、同じような服を着ているのが分かりますか？

　子どもたちは戦争がはげしくなると、のんびり遊ばせてもらえなくなります。

　どんな日々をすごし、心の中はどんなことを考えていたのでしょうね。

岐阜市平和資料室（2014年）

　この資料展では1945（昭和20）年に日本が負けて戦争が終わるまでの、私たち、当時の子どもたちの暮らしと学校生活を紹介しています。

　日本の国は1894年に日清戦争、今の中国と戦って勝ってから敗戦の年まで約50年間、戦争に次ぐ戦争をくり返していました。そんな時代に、私たちがふだんから教え込まれたことがあります。その3つのことを、そのころの標語（スローガン）とともに見てください。

4

「神国日本」

子どもたちがまだ学校に行く前から、頭にたたき込まれたのがこの言葉です。

「天皇陛下は天照大神の子孫であり、この世に人の姿をして現れた神様（現人神）」

「その天皇陛下が治められる日本の国は世界でただ一つの、神の国である」

「日本人は他の国より優れた民族である。だからアジアを西欧列強から守って、日本の国のもとにまとめるべきである」（大東亜共栄圏）

と。そして「神国日本は、神の助けがあるから絶対に戦争に負けない」と、子どもたちは信じていました。

「撃ちてし止まむ」

『撃ちてし止まむ』とは、敵が「まいった！」と降伏するまで攻撃をやめないぞ！という強い言葉です。この精神で、日本は多くのアジアの国々に進撃し、アメリカなど従わぬ多くの国と次々に戦うことになります。

子どもたちもこの精神で勇ましい子になるよう、育てられました。

「欲しがりません、勝つまでは！」

日本の兵隊さんがアジアや太平洋、世界中の戦地に向かうと、日本の国内には働き盛りのお父さん、たくましいお兄さんがどんどんいなくなっていきます。農作物も、国内の工場で作られる衣服や生活用品も、作れなくなっていきます。子どもたちには楽しみだったお菓子もおもちゃも、食べものもなくなっていきます。すべて戦争に使うことが優先されました。

上の言葉はそのころの子どもたちに向けて、「この戦争は正しい戦争で必ず勝つのだから、勝つまではおいしいものも、楽しいことも欲しがりません！」つまり「欲しがってはいけません」と頭に叩き込まれた言葉でした。

日本 ヨイ 國、
キヨイ 國。
世界ニ 一ツノ
神ノ 國。

日本 ヨイ 國、
強イ 國。
世界ニ カガヤク
エライ 國。

五十五

↑国定教科書『ヨイコドモ』1941 年発行より
←国定教科書『ヨイコドモ』の表紙

『神の国』の子どもたち

　戦争をしていたころの教科書です。「修身（しゅうしん）」という今の「道徳」にあたる教科です。子どもたちは、「日本は神さまに守られる、特別な国」と教えられて、誇り（ほこり）と優越感（ゆうえつかん）を持つように学校でならいました。

6

音を立ててはならない、鼻をすすってはならない

　戦争をしていた時は、「天皇陛下は神の子孫（しそん）である」と学校で教えられました。でも、子どももおとなも、実際に天皇の姿を見たり、声を聞いたりすることはありませんでした。今とは全然ちがいますね。

　入学式などの学校行事があると、『教育勅語（きょういくちょくご）』という、天皇のお言葉を校長先生が読み上げます。　読み上げがつづく間、子どもたちは深く頭をさげた姿勢のまま、だまって聞かなければなりません。決して音を立ててはなりません。

　約10分間の読み上げが終わると、子どもたちはいっせいに「はあ〜」と安心のため息。寒い季節には、いっせいに「ズズー」と、鼻をすする音がひびいたそうです。

長良橋の北詰で敵に「突撃」の訓練。
わら柱の上の似顔絵は、誰か分かりますか？
当時の敵国のトップたちです。
右からルーズベルト（米国）、チャーチル
（英国）、蒋介石（中国）

←おとなは、竹ヤリで突き刺します。
↓子どもたちは、竹ヤリが足りないので
　全員でポカポカなぐります。

おとなも子どもも、敵に突撃！

『撃ちてし止まむ』とは、「敵を討ち果たすまで 止めないぞ！」という意味です。
おとなも子どもも、この合い言葉を胸に、いさましく戦争に協力しました。「神国・日本は
絶対に負けない」と教えられていたため、「最後の一人になっても戦う」決意でした。

↑ 『軍事教練』の風景
中学校でいちばん重要だった授業。軍の将校（階級の高い軍人）が指導しました。

男子は全員、兵隊さんに

　戦前の日本には 徴兵制 がありました。男子は全員、おとなになったら兵士になるのが義務でした。中学生になったら「いつでも戦地に行けるように」と、中学校から戦場で闘う訓練を受けました『軍事教練』という授業です。とてもきびしい訓練で、『軍事教練』の試験に合格できないと、卒業も進級もできないので、生徒たちは必死に頑張りました。

→ りりしくハチマキをしめて、クワをふるう子どもたち。金華国民学校（今は岐阜小学校に統合）の児童たちです。
食べものが不足したため、全国で学校ごとに農場がつくられ、子どもたちが働きました。

←勤労奉仕で働く女子生徒たち。武儀高等女学校（現・関高校）

おとなに代わって、「ぼくたちも働きます！」

　戦争がはげしくなると、おとなの男性は次々に徴兵されて戦場に向かいました。国内に働きざかりの男性がいなくなり、お米や野菜など農作物、魚など漁獲もへって、食べものはどんどん足りなくなっていきます。その分を子どもたちが働いたのです。

　そのころの学校には、『勤労奉仕』という時間がありました。子どもたちはクラスごとに河原や空き地などに行って、畑にするよう開墾したり、作物を育てました。また肥料にするため学校のトイレから糞尿をくみ出し、桶に入れ担いで運ぶ重労働もありました。食糧不足がひどくなると、授業は休みにして『勤労奉仕』の時間が増えていきます。すべては「戦争に勝つまで」の辛抱でした。

・えだ豆の皮

・お茶の出しがら

・いも類や豆類の
　くき・つる・葉

・みかんの皮

・とうもろこし
　の芯

・大根やにんじんの葉

食べられるもの、あるかな？

　そのころの、子どもたちが（もちろんおとなもですが）食べていたもの
です。

　豆類の皮や、さつまいものくき、つる、葉…。ふつうなら食べずに捨て
るものまで食糧になりました。それほど食べものがなかったのです。

　たとえば女の子が持っている、トウモロコシの芯。どうやって食べるの
でしょう？　食べ方は、包丁でうすく切ってそれを鉄板
の上でカリカリに焼きます。おせんべいのようにして食
べました。

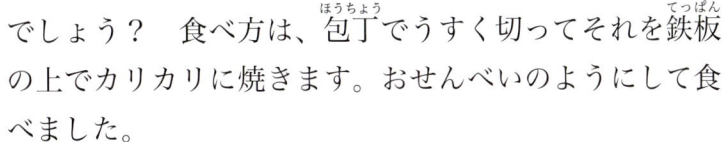

　実は子どもたちが一番食べたかったのは甘いお菓子、
スイーツでした。肉や魚どころか、ご飯もほとんど食べ
られなかった時代です。何年もお菓子を食べたことのな
い子どもたちは、トウモロコシの芯のわずかな甘味を、
楽しんだのでした。

あばら骨の体そう

　いつもおなかを空かせていました。でも我慢して『勤労奉仕』で働きました。

　男の子は将来、全員が立派な兵隊さんになるのだから体も鍛えなければなりません。そして、こうなりました。

　たくましく運動しているけれど、ガリガリの子どもたち。列の後ろへ行くほど、痩せ方がひどくなっています。

『欲しがりません、勝つまでは！』

　実は食糧不足（しょくりょうぶそく）は戦争をしていた時よりも、1945（昭和20）年に戦争が終わった後の方がひどかったのです。とりわけこの敗戦（はいせん）の年は、日本中の町がアメリカ軍の空襲（くうしゅう）（空からの爆撃（ばくげき））で焼け野原にされ、働き手も足りず、数百年に一度と言われる大凶作の年でした。食糧不足は1948年ごろまで続いたのです。

　上の写真が撮られたのは1942（昭和17）年。子どもたちはさらに5年近く、食べ盛りでおなかが空いても食べものがない状態が続きます。それはとても、つらい経験だったそうです。

成長できなかった子どもたち

子どもの身長の推移
<子どもの身長の推移>

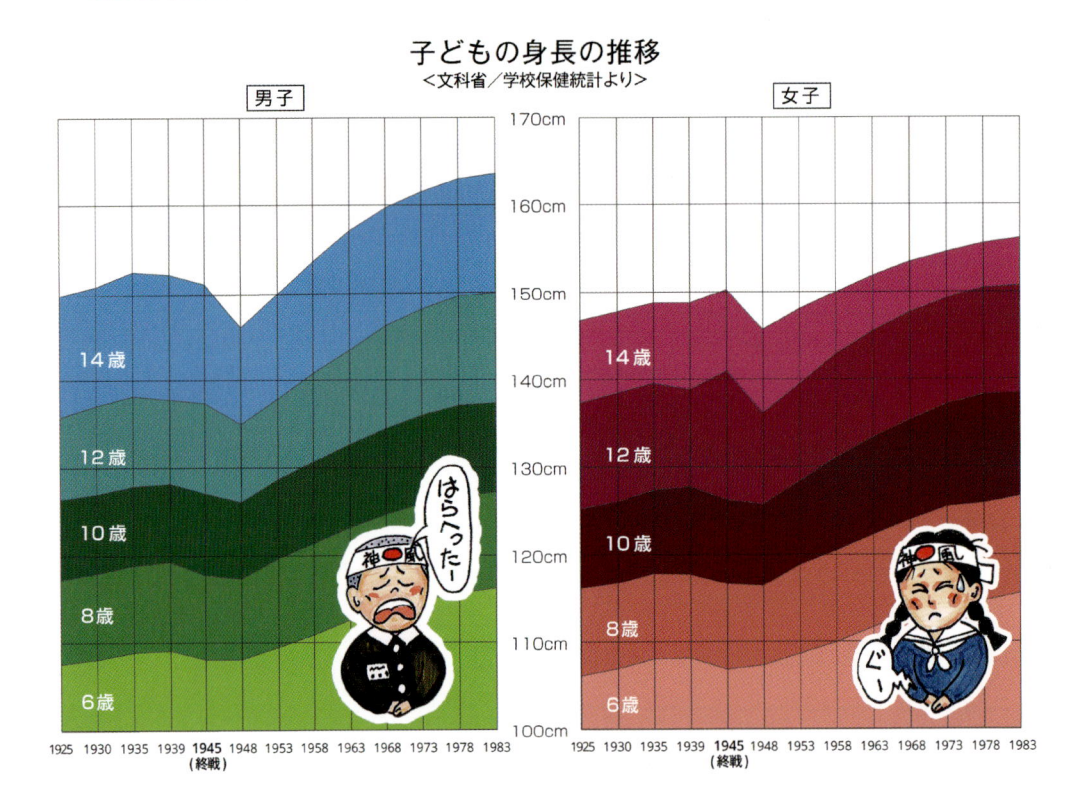

子どもの体重の推移

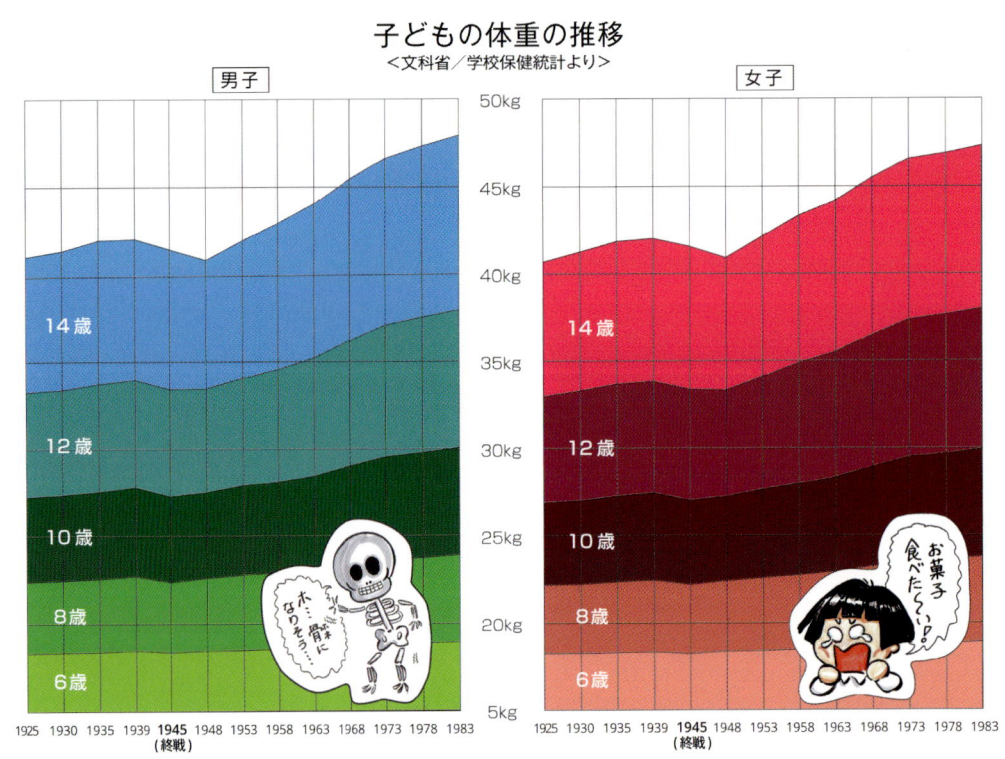

第41表　身　　　長　（男子）　　　　（cm）

年度	6歳	7	8	9	10	11	12	13	14	15	16	17	18
明治33	107.0	110.9	116.1	120.0	123.9	127.9	133.9	140.0	147.0	152.1	156.1	157.9	160.0
38	106.4	110.9	115.2	120.0	124.5	128.5	133.6	139.4	146.4	152.4	157.0	159.1	160.0
43	107.0	111.2	115.8	120.3	124.5	128.5	133.6	139.1	146.4	152.7	157.3	159.1	160.0
大正4	107.0	111.5	116.1	120.6	125.2	129.1	134.2	139.7	147.0	153.6	157.9	159.7	160.9
9	107.0	112.1	116.4	120.9	125.5	129.4	134.8	140.6	148.2	154.2	158.2	160.0	161.2
14	107.6	112.1	117.3	121.8	126.4	130.3	135.8	142.1	149.7	155.2	158.8	160.6	161.5
昭和5	108.1	113.2	118.0	122.6	127.0	131.4	137.1	143.3	150.7	156.2	159.5	161.0	161.8
10	108.9	114.0	118.9	123.5	127.9	132.3	138.2	144.7	152.4	157.6	160.6	161.8	162.9
14	109.1	113.9	119.3	125.0	128.2	132.9	137.8	144.0	152.1	158.1	160.9	162.5	163.8
20	108.1	113.2	117.8	122.7	127.1	131.2	137.4	144.1	151.0	157.1	160.5	-	-
23	108.1	112.1	117.4	121.9	126.1	130.4	135.0	139.8	146.0	152.7	157.9	160.6	162.1
28	109.5	114.8	119.7	124.2	128.7	133.1	137.9	143.5	149.9	157.6	160.9	162.9	164.5
33	110.9	116.2	121.4	126.1	130.7	135.1	140.8	147.1	153.6	160.3	162.9	164.3	165.6
38	112.6	118.0	123.2	128.0	132.7	137.5	143.4	150.7	157.1	162.8	164.8	165.9	165.1
43	114.1	119.5	124.7	129.7	134.5	139.7	146.2	153.4	159.7	164.3	166.3	167.3	166.3
46	114.8	120.1	125.5	130.6	135.5	140.8	147.3	154.4	160.9	165.1	167.3	168.3	-

第41表　身　　　長　（女子）　　　　（cm）

年度	6歳	7	8	9	10	11	12	13	14	15	16	17	18
明治33	104.8	110.0	113.9	119.1	123.9	127.9	133.0	137.9	143.0	144.8	146.1	147.0	147.0
38	105.2	109.7	113.9	118.8	123.9	128.2	111.9	138.8	143.6	146.4	147.9	147.9	147.9
43	105.8	110.0	114.5	118.8	123.6	128.5	133.6	139.1	143.6	147.0	148.2	148.8	148.5
大正4	105.5	110.3	114.5	119.4	123.9	128.8	135.2	140.3	145.8	147.6	148.5	149.1	149.4
9	105.8	110.3	115.2	119.7	124.2	129.7	136.1	141.5	146.4	148.2	149.1	149.7	150.3
14	106.1	110.9	116.1	120.3	125.2	130.6	137.3	142.7	146.7	148.2	149.7	150.3	150.9
昭和5	106.9	111.9	116.7	121.3	126.0	131.3	138.4	143.5	147.7	149.6	150.6	150.7	151.2
10	108.0	112.9	117.8	122.5	127.3	132.7	139.5	144.8	148.7	150.7	151.6	151.2	152.0
14	108.1	112.9	117.7	123.0	127.7	132.7	138.8	144.0	148.7	150.7	152.1	152.5	153.0
20	106.8	111.6	116.6	122.1	126.2	131.2	140.9	146.1	150.2	-	154.0	-	-
23	107.3	111.9	116.4	121.1	125.7	130.8	136.1	141.1	145.6	149.1	151.3	152.1	152.8
28	108.6	114.0	118.8	123.5	128.3	133.6	139.4	144.2	148.0	151.3	152.3	153.0	153.8
33	109.9	115.2	120.4	125.5	131.0	136.6	142.8	147.1	149.9	152.3	153.1	153.5	154.4
38	111.6	117.0	122.2	127.4	133.3	139.3	145.4	149.5	151.8	153.9	154.2	154.4	153.5
43	113.1	118.6	123.9	129.3	135.3	141.7	147.6	151.4	153.4	154.7	155.1	155.3	154.0
46	113.7	119.3	124.7	130.3	136.4	143.2	148.5	152.4	154.2	155.4	155.9	156.0	-

　1900(明治33)年から、文部省（今の文部科学省）は全国の子どもたちの身長と体重の統計を取り始めました。小学1年生の6歳から18歳まで。5年おきに調査しました。

　敗戦の年の1945(昭和20)年から、3年後の1948(昭和23)年にかけてガクンと落ち込んでいるのが分かりますね。食糧不足は食べざかりの子どもたちにとって、成長を止めるほどのものでした。

＜注＞1945(昭和20)年のデータは、子どもの年齢によっては記載が欠けています。日本中が混乱していた年ですので十分なデータは集められなかったと考えられます。女子の身長だけが一時的に伸びていることも原因が分かりません。おそらくその以前の広く集めたデータでなく、一部の地域（空襲などがなく統計に協力したり、食糧にも余裕があったと思われる）からしかデータが集められなかった可能性もあります。

　戦後、5年ごとの統計が再開されたのは1948(昭和23)年。食糧不足のピークでした。この時期に統計を再開させた人たちは、この悲惨な数字を残すことで伝えたいものがあったのではないでしょうか。

2. 戦争していた時の教科書

くらべてみましょう
～戦争していた時の教科書

そのころの子どもたちが使っていた教科書です。

日本の小学校は明治時代に全国につくられました。そのころは『尋常小学校』と言いました。それが長く続きましたが、アメリカとの戦争が始まる直前の1941年に、尋常小学校は『国民学校』と名前が変わります。「国の役に立つ立派な国民を錬成する（つくり上げる）」のが目的でした。

子どもたちは『少国民』、小さくても国に奉仕する国民という位置付けに変わりました。子ども扱いでなく、一人前に扱われることを「誇らしい」と感じた子どもも多かったといいます。これが敗戦まで続きました。

ここでは1993年に作られた尋常小学校の教科書と、国民学校になってからの教科書を並べてくらべてみました。同じことを学習するページなのに戦争がはげしくなると絵やテーマがどのように変わっていくのでしょうか。

「かけっこ」から「戦争ごっこ」へ

一年生「算数」に登場する、男の子のあそび

入学したばかりの小学1年生が、「算数」で最初にひらくページです。1から10までの数をならう場面ですね。

上は、『尋常小学校』の教科書。運動会での「かけっこ」が描かれています。一位、二位…と数字をおぼえたのでしょう。

対して下は、『国民学校』の教科書。男の子たちは刀や棒きれをふりまわして「戦争ごっこ」をしています。この年は太平洋戦争が始まって、日本はアメリカ・イギリスなどを相手に戦うことになりました。「戦争ごっこ」は陸軍の指示で、子どもたちに勧める遊びとなったのです。

戦争の時の教科書 ～どう変わったでしょうか

↑「尋常小学校」の教科書。

↓戦争がはげしくなった「国民学校」の教科書

戦争がはげしくなると、教科書が変わっていきます。～一年生の「算数」最初のページ

くらべてみましょう

小学一年生「国語」さくら

さくらが咲いても…

一年生「国語」、春の風物詩に

　次は「国語」の教科書を、くらべてみました。同じく小学1年生が、国語で最初にひらくページです。上は、美しい満開の桜と山里の風景が広がっています。

　「サイタ　サイタ　サクラガ　サイタ」1933年につくられたこの尋常小学校の教科書は、別名「サクラ教科書」とも呼ばれました。子どもたちは、春のよろこびとともに初めて文字をならったのです。

　でも戦争がはげしくなった下の国民学校では、国語の教科書なのに文字がありません。桜が満開なのに見向きもせず、子どもたちは体操をしています。国を守るため、強い体をつくるのがこの時代の子どものつとめでした。

　このころは学校の外でも、「この非常時にけしからん！」と、花見ができなくなっていました。

　この次のページで、子どもたちは初めて字を習います。

　「アカイ　アカイ　アサヒ　アサヒ」

　日の丸を連想させる赤い日の出を見ながら、子どもたちが万歳する絵でした。

戦争の時の教科書　～学校では

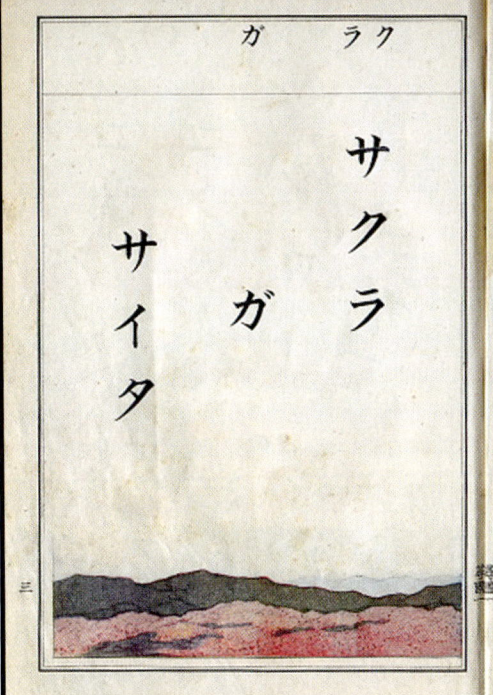

↑「尋常小学校」の教科書。

↓戦争がはげしくなった「国民学校」の教科書

戦争がはげしくなると、教科書が変わっていきます。～一年生の「国語」最初のページ

くらべてみましょう

小学一年生「国語」あいさつ

家族から、消えた人がいます

一年生「国語」挨拶のページから、消えた人はだれ？

「国語」のあいさつを習うページです。

　上の教科書では、右のページが「行ってまいります」、左が「ただいま」と、家族に行儀よくあいさつをしています。子どもたちは礼儀作法をきびしくしつけられました。これは尋常小学校の時代も、国民学校になってからも変わりません。

　では下の教科書は…？

　よく見てください。絵だけでなく、文面からも消えた人がいるのです。

　そうです、おとうさんです。ではなぜ消えたのでしょう…。

　この時代、多くの若いおとうさんたちは国の命令で戦場に、あるいは遠くの武器をつくる工場に働きに行き、家にはいないことが多かったのです。またすでにおとうさんは戦死して、亡くしていた子も多かったからでした。

　お父さんがいない家庭が当たり前だとして、教科書に載せなかったのです。

戦争の時の教科書 〜家庭では

↑「尋常（じんじょう）小学校」の教科書。　↓戦争がはげしくなった「国民学校」の教科書

「オトウサン、イッテ マヰリマス。」

「オカアサン、イッテ マヰリマス。」

タラウサンガ デカケマシタ。

タラウサンガ ガッカウ カラ カヘリマシタ。

「オトウサン、タダイマ。」

「オカアサン、タダイマ。」

センセイ、サヤウナラ。

オカアサン、タダイマ。

オハヤウ ゴザイマス。

イタダキマス。

イッテ マヰリマス。

くらべてみましょう

小学一年生「国語」あそび

少女たちの楽しい時間は…

一年生「国語」、糸電話で会話を学ぶ

　同じく「国語」です。糸電話であそびながら、友だちとの会話も丁寧な言葉を使って敬語を習います。どちらの教科書も登場する女の子の名前が変わっているほかは、文面はまったく一緒です。

　ここでは、さし絵に注目してください。

　上の教科書の女の子たち、生き生きしてとても楽しそうですね。しぐさもとても優雅です。人形や本などおもちゃも描かれています。そのころの子どもたちはあそぶ時に、自分のおもちゃを持ち寄っていたのかもしれません。

　いっぽう下の教科書は？　女の子のしぐさも、おもちゃも、質素で寂しげですね。あそんでいるのに笑顔がまったくありません。この笑顔がない、というのは国民学校の教科書の大きな特徴でもあります。

　絵を見た小学校の先生や、イラストレーターさんの感想です。

　「糸電話は、糸をピンと張らないと会話になりません。下の絵のようにたるんでいては変です」（小学校教諭）

　「教科書のさし絵を描くことは絵描きにはたいへん光栄な仕事でしょうに、なんと粗雑な絵ですか。表情がないだけでなく、遊んでいる姿勢やしぐさがぎこちない。子どもにとっては見て楽しみながら学習するページのはずなのに、痛ましいですね」（イラストレーター）

戦争の時の教科書

↑ 「尋常小学校」の教科書。

「モシ モシ、ユキコサン
デス カ。」
「ハイ、
サウ デス。」
「ワタクシ ハ
ハナコ デス。
イマ、キヌコサン ガ

キテ イラッシャイマス。
アナタ モ、アソビ ニ
イラッシャイ
マセン カ。」
「ハイ、
アリガタウ。
スグ マキリマス」。

↓戦争がはげしくなった 「国民学校」 の教科書

モシ モシ、
キヌコサン デスカ。
ハイ、サウ デス。
ワタクシ ハ ハナコ デス。
イマ、ハルエサンガ、キテ

イラッシャイマス。
アナタモ、アソビニ
イラッシャイマセンカ。
ハイ、アリガタウ。
スグ マキリマス、

戦争がはげしくなると、教科書が変わっていきます。〜一年生の 「国語」 あそびのページ

23

戦争していた時の教科書

おもに中学校で使用された歴史年表です。かなり長い年表の、始まりの部分。左端は紀元前600年ぐらいの出来事ですが、右端の冒頭は年代が書かれていません。

注目点は、上の「國史」（日本史のこと）とならんで、下に「東洋史」「西洋史」が書かれていること。当時から世界最古といわれた古代文明は、中国では神話の「三皇五帝」と記され、メソポタミアは「バビロニヤ」、エジプトは「埃及」とありますが、それ以上に日本の歴史が古く書かれています。

その内容は、「天御中主神」「伊弉諾・伊弉冉」「天照大神」など、古事記や日本書紀に登場する神の名前だけです。史実として証明できない神話で、世界最古を主張していました。

左ページの中ほどに、初代の天皇といわれた神武天皇の名が見えます。現在、実在したのは10代崇神天皇からではないかといわれています。

戦前の学校では、「日本ヨイ国、神ノ国」と子どもたちは教えられました。

「天皇陛下は天照大神の直系の子孫であり、世界でもっとも古い家柄である」と。また当時の憲法では国の主権者は天皇であり、国民はその臣下である「臣民」でした。「臣民として忠義を尽くせ」と、小さな時からくり返し教えられました。子どもたちは天皇の名を、初代の神武から当時の昭和まで、124代を競うようにして暗記させられました。

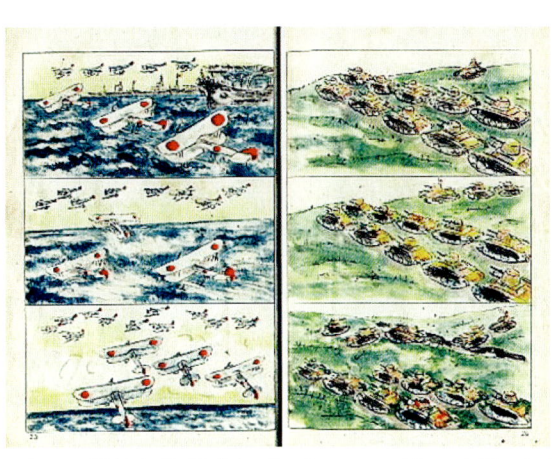
↑国民学校初等科『カズノホン 一』（今の小学１年生用）
戦闘機や戦車の数で計算を覚える。

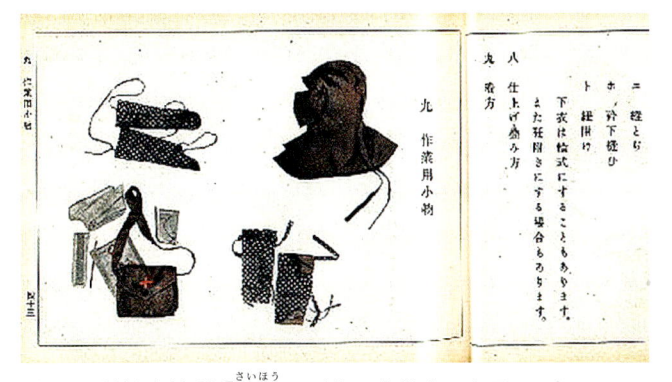
↑国民学校高等科『裁縫』（今の中学生／女子のみ）
米軍の空襲にそなえた防空頭巾の作り方を習った。

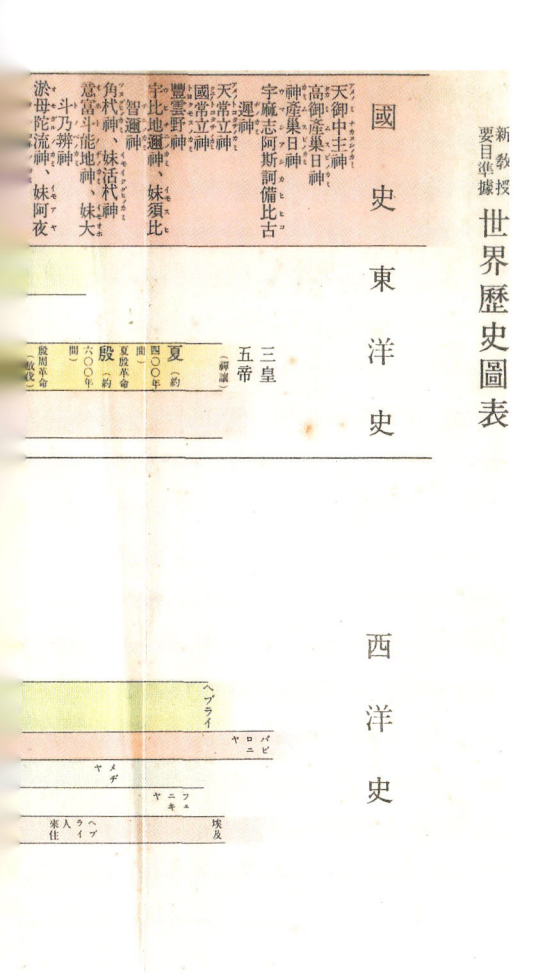

新教授
要目準據
世界歴史圖表

國史	東洋史	西洋史
天御中主神 高御産巣日神 神産巣日神 宇麻志阿斯訶備比古 天常立神 國常立神 豐雲野神 宇比地邇神、妹須比 角杙神、妹活杙神 意富斗能地神、妹大 淤母陀流神、妹阿夜	三皇 五帝 （禪讓） 夏（約一〇〇年） 殷（約六〇〇年）	ヘブライ バビロニア ヤロニ メヂヤ フェニキヤ 埃及 束人住 ライヘプ

↑三省堂『世界歴史圖表』
1938(昭和13)年

↑国民学校初等科『国史』より
「神功皇后の三韓征伐」のさし絵

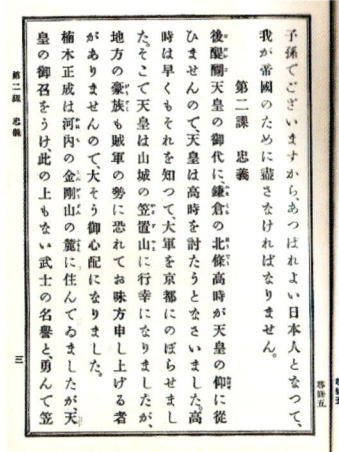

↑尋常小学校５年『修身』
「修身」とは、今の「道徳」にあたります。
第一課「我が国」、第二課「忠義」のページ。
右ページの８行目から、読んでみてください。

3. 戦争のころの少年少女たち

子どもたちに伝える平和のための資料展

進め一億 火の玉だ！
<ruby>本土決戦<rt>ほんどけっせん</rt></ruby>！」のころの少年少女たち

　この国が戦争をしていたころの、少年少女たちの<ruby>資料展<rt>しりょうてん</rt></ruby>です。

　中学生や高校生、と言わないのは中学も高校も、一部のそれも男子しか行けなかったからです。

　<ruby>義務<rt>ぎむ</rt></ruby>教育は小学校まで。中学は余裕のある家の子が、試験を受けて入学しました。女子も同様に、進学できる子は試験を受けて女学校に行きました。でも晴れて合格したのに、戦争がはげしくなると男子も女子も勉強どころではなくなります。国から生徒たちに、戦争に協力するよう任務がきたのです。

　それは時に、命がけの仕事でもありました。

岐阜市平和資料室 (2016 年)

　この資料展は戦時の少年少女たち、今なら中学生・高校生の暮らしや学校生活を紹介しています。

　小学生の時に教えられた「日本の<ruby>尊<rt>とうと</rt></ruby>さ」「<ruby>兵隊<rt>へいたい</rt></ruby>さんの<ruby>格好<rt>かっこう</rt></ruby>良さ」は、成長すると「国への<ruby>忠誠<rt>ちゅうせい</rt></ruby>」や実際に「強い兵士・強い国民になる」ように教育されていきます。

戦争末期は、一年早く卒業！

　戦前の学校は下の表のように、小学校を卒業する時に進路がさまざまに分かれました。

　まず男女が別に。戦前は女性に選挙権権がなく男性の下でつかえる立場とされたため、はっきり区別があったのです。

　また進学する子は試験を受けて男子は中学 (5 年) に、女子は女学校 (4 年か 5 年) に授業料を払って通いました。行けない子は働くか、2 年間高等小学校に通うこともできました。

　1941 (昭和 16) 年、小学校が国民学校に変わった時、中学などに進学しない子の高等小学校 2 年が義務教育になりました。

　一方、中学や女学校・専門学校の高等教育は 1 年短縮され、戦争末期には就学途中で強制的に「くり上げ卒業」させられる生徒も続出しました。一日も早く戦場や、生産現場で働くことを求められたのです。

↑中学校入学の記念写真（1943 年）
　岐阜第一中学（今の岐阜高校）に入学した生徒です。服装が兵隊さんのようですね。「いつでも戦場に行く覚悟で！」と、これが当時の制服でした。

戦争が激しくなると 教育制度が変わった

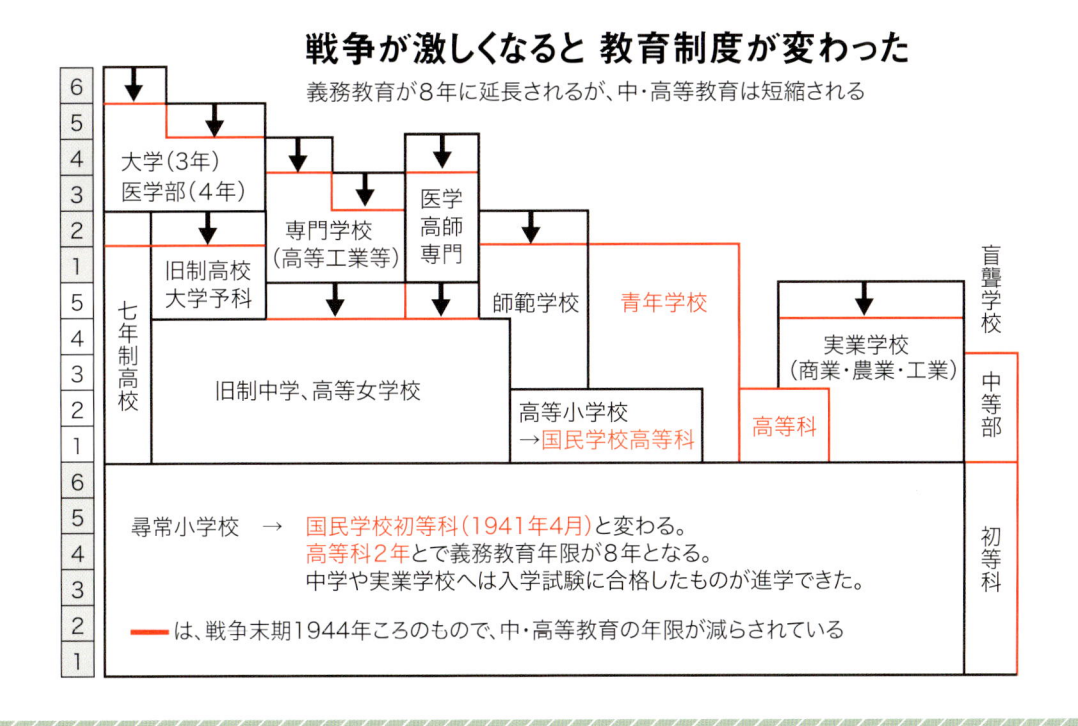

義務教育が8年に延長されるが、中・高等教育は短縮される

大学(3年)
医学部(4年)
専門学校（高等工業等）
医学 高師 専門
旧制高校 大学予科
七年制高校
師範学校
青年学校
旧制中学、高等女学校
実業学校（商業・農業・工業）
高等小学校 →国民学校高等科
高等科
盲聾学校 中等部

尋常小学校 → 国民学校初等科(1941年4月)と変わる。
高等科2年とで義務教育年限が8年となる。
中学や実業学校へは入学試験に合格したものが進学できた。

━━ は、戦争末期1944年ころのもので、中・高等教育の年限が減らされている

初等科

＜1942（昭和17）年『少国民新聞』＞

ぼくらの心は弾丸だ！

隊列を整えて体操する海軍飛行予科練習生。15歳から20歳の男子が選抜されて入隊した。

＜1937（昭和12）年 懸賞界＞

一億の心を盾に、征け戦士

写真は岐阜県出身の『海軍特別年少兵』。志願者は全国から集まった。前列中央の二人の
教官をのぞき、全員14〜15歳の少年たち。まだ顔立ちも幼く、軍服もダブダブ。わずか1年半
の訓練後、少年たちは激戦地に派遣された。（1945年）

私たち、銃後を守る勤労戦士

「銃後」とは、戦場の後方で戦争に支援・参加する国民のこと。太平洋戦争末期には、女子生徒たちも授業を停止して連日工場で働いた。写真は岐阜高等女学校の生徒たち。(1944年)

＜1942（昭和17）年 大政翼賛会／戦時歌謡＞

進め一億、火の玉だ！

写真は長良橋北詰で行われた戦闘訓練。わら俵に敵国トップの似顔絵をつけて、竹ヤリで突撃する。全国民が本気になって敵を倒す覚悟が求められた。似顔絵は右から、米国ルーズベルト大統領、英国チャーチル首相、中国蔣介石総統。(1944年)

← 東京の劇場にかかげられた巨大ポスター。右端に「撃ちてし止まむ」の標語がある。「敵を討ち滅ぼすまでやめないぞ」の意味。1943年、陸軍が国民を戦争にかりたてるために作り、国中に広がっていった。
「アサヒグラフ」1943年3月24日号

人々の心を、戦争にかりたてた

　今から約80年から70年前のお話です。そのころの日本は今とはまったく違う社会でした。明治維新から急速な近代化を成しとげた日本は、1894年の日清戦争を皮切りに次々と世界の大国を相手に戦争し、勝利します。中国大陸に進出して領土も広げていました。

　健康な男子は兵役があって戦地に向かい、人々の大きな関心は『戦争に勝つこと』でした。それでもまだ昭和の初期までは、余裕がありました。四季の風物やおいしい食べ物、娯楽を人々は楽しんでいました。

　しかし戦争が拡大していくと、兵力も資金も食料もすべて不足してきます。

　国は戦争に勝つために、人々の生活も心も戦争に捧げるように社会を統制していきました。その最大の矛先が、子どもたちの教育でした。

陸軍のポスター →

←兵士の出征を送る写真

↓絵は国民学校教科書
「エノホンニ」（小学２年
向け図画工作）より

男はみな戦場へ！

　若い男は次々に召集されて戦地に向かいました。中国、太平洋、あるいは爆撃にそなえ国内の基地や激戦地の沖縄へ。子どものいる家庭ではお父さんがいないのが当たり前になりました。

◆ 食べものがない！

　そのころから食糧不足が始まりました。そのため、政府は『配給制』を開始します。米も野菜も、衣類など日用品も、各家庭に決まった分（米一人当たり330ｇ）しか手に入りません。

　その分量も減らされたり、配給自体が止まったりしました。

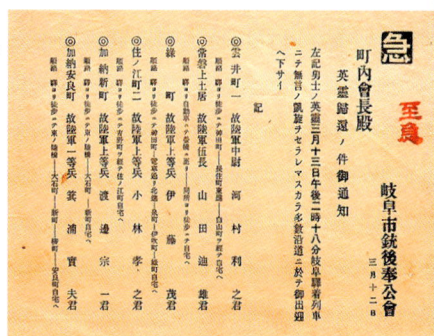

↑「英霊帰還の御通知」
戦死者を迎える列に加わるよう、
回覧された。

戦時の学校
（ 男子の制服 ）

< 昭和初期 >

ボーズ頭
黒い角帽（かくぼう）は男の子
たちの憧れ（あこがれ）

黒の学生服

< 太平洋戦争・後半期 >

戦闘帽（せんとうぼう）

名札
（ 血液型を書いておく ）

防空ずきん

ズックのカバン

ゲートル
（ 巻脚絆（かんきゃはん） ）

下駄（げた）（靴（くつ）が手に入らないため ）
※入学のときの靴が、成長して
小さくなった時に使った。上級生
ほど下駄ばきが多かった。

★男子の制服は、兵隊（へいたい）さんと同様に

太平洋戦争開始の約1年後、中学男子の
制服は陸軍の軍服とほぼ同様形に変わった。
「中学生ともなれば、いつでも戦場に向かう
覚悟で」との国の指導によるものだった。

◆ 戦前は、男女は小学校卒業後、別コース

　戦前の『大日本帝国憲法（だいにっぽんていこくけんぽう）』では、選挙権（せんきょけん）は男性にしかありません。男性と女性は社会で
はっきりした区別や格差（かくさ）がありました。なので小学校までは一緒に学んでも、卒業後からは
別コース。男女ごとに違う学校に進学しました。

◆ 中学校は男子だけ。試験（しけん）を受けて入学、5 年間

　そのころの義務教育（ぎむきょういく）は、小学校の 6 年間だけ。その後の中学校は試験（しけん）を受けて合格した
子だけが進学できます。もちろん男子だけ。学費（がくひ）も必要でした。中学は 5 年間あり、今の
中高一貫校（いっかんこう）に似ています。（戦前の中学校は、戦後に高校となって続いている学校が多いです。）

◆ 勉強したい子に、高等小学校も2年間ありました。

　「もっと学びたいけれど、学費が出せない」「入学試験に落ちた…」こんな子たちのために、
小学校卒業後に 高等小学校が用意されていました。期間は 2 年間で、今の中学に近いですね。
　これは女子も同じで、小学校の延長（えんちょう）なので一緒に学びました。

戦時の学校
（女子の制服）

<太平洋戦争・後半期>

<昭和初期>

女の子は束ね髪（たばねがみ）。
岐阜の女学校は、
後ろで1つにして
三つ編み（あ）が多かった。

二つに分けてしばる
髪型に固定。
通称「チョンボ」
前髪（まえがみ）は一切禁止。

白い「ヘチマえり」。
わずかな布も「もったいない！」
と小さくなった結果。

名札
（血液型を書いておく）

黒のセーラー服。
岐阜では白えりの
学校が多く、
女の子たちの
憧れ（あこが）でした。

布製の手作りカバン

防空ずきん

工場の作業着のような上着に、
ズボンが制服に。入学後に体
が大きくなったり着替えが必要
になったりしても、布地がない
ため家にある着物を切り「もんぺ」
にして登校しました。

下駄（げた）（靴（くつ）が手に入らないため）
※事情は男の子と同じ。

東京などの都会では断髪（だんぱつ）（今
のボブ（ぼうし）も流行。帽子のある
学校も多くよく似合った。
岐阜の女の子たちも「断髪し
たい」と願ったが、学校が許
さなかったとか。

◆ 女子の進学は、高等女学校（こうとうじょがっこう）。試験を受けて4年間

　「男性は、社会で働き、女性は家庭を守る」が当たり前の時代でした。小学校卒業後、女子の進学希望者は、高等女学校へ。男子と同じく学費（がくひ）が必要で、試験に合格した子が入学できました。

◆「良妻賢母（りょうさいけんぼ）」が目標の、実科女学校（じっか）もありました。

　「良き家庭婦人（ふじん）を育成する」のが女学校の大きな目標。上の学年にいくほど「家庭科」の時間が増えました。また、「家庭科」の比重がさらに多い「実科女学校」もありました。

旧制中学校の授業風景

右離い國
體

第一課 國體

一 世界には多くの國がある。何も一國を彩づくる限り、その國柄にそれぐゝの特色がある。併し我が國の如く勝れた國體を有するものはない、我が國の國體は實に世界萬國に比類なき有難い國體である。我等はこれに感激しこれを誇りとすると共に永遠にこれを擁護せねばならぬ。

皇國中學修身書 巻二

文學博士 小 西 重 直 著

「国を愛し、君に尽くせ」

　戦前の学校には、『修身（しゅうしん）』という授業がありました。今の『道徳』に当たります。今と大きくちがうのは、進学や成績への最重要科目（さいじゅうようか）だったことと、その向かう目的でした。

　『修身』の基本となるのは、1890 年に発布（はっぷ）された「教育ニ関スル勅語（ちょくご）」（教育勅語）です。親や師への「孝行（こうこう）」や家族間の「友愛（ゆうあい）」など 12 の徳目（とくもく）があり、現代にも通じる内容も多いですが最終目標は、『忠君愛国（ちゅうくんあいこく）』。「国に何かあったときは、天皇（てんのう）のために命を捧（ささ）げよ」というものでした。「国は大きな家族のようなもので、天皇がその長である」という考え方です。

　戦争が拡大し、「国に無条件で命を捧げる兵士」が大量に必要だった時代に、この教育はたいへん有効（ゆうこう）だったのです。

◆右上写真　『皇国中学修身書巻二』1939 年
　中学 2 年生、『修身』の最初の内容。文章の後半に注目を。「我が国の国体は実に世界万国に比類（ひるい）なきありがたい国体である。これに感激し誇りとし…」自国をありがたい国とおもって感激することを、無条件で求められた。

『少年倶楽部』1943 年（講談社）
「皇国（みくに）をになふ この腕、この軆（からだ）」
は少年たちの目標だった。

「裁縫」の授業風景　武儀高等女学校（現:関高校）

女性はすべて、良き妻賢い母に。

　女子向けの学校は、1899（明治32）年の「高等女学校令」から始まりました。目的は『良妻賢母の育成』で、家事・裁縫・芸事を習うのが中心。

　まだ女性に選挙権もなく、職業を持つ女性が稀だった時代です。

　「女学校を出ると良い家に嫁入りできる」と、むしろ男子よりも進学熱は高まりました。

　やがて第一次大戦後の1920年、女学校令が改正されて、良妻賢母だけでなく「女子の国民的自覚を高める」国家主義的な教育が加わっていきます。それは『修身』の授業に限らず、『国語』や『習字』やすべての教科に及びました。

右上 /『新制女子習字帖』(教授参考書) の１ページ 1938 年
右下 /『少女の友』1939 年 (実業之日本社) 少女たちに最新の文化や流行をとどけた。表紙は今も人気が高い中原淳一。太平洋戦争の直前に、「国の方針に合わない」として軍部の介入があり、同雑誌から事実上の降板となった。

岐阜第一中学（現：岐阜高校）

兵士になる訓練は、きびしかった。

　戦前の日本には徴兵制がありました。健康な男子は大人になったら全員、2年間の兵役の義務がありました。中学校では徴兵にそなえて、兵士になるための訓練の授業がありました。『軍事教練』と言います。戦場で戦うための訓練です。

　どこの中学にも、陸軍から派遣された将校（階級の高い軍人）が配属されており、『軍事教練』は彼らエリート軍人たちが指導しました。訓練はとても厳しく、体育系が苦手な生徒には泣き所だったそうです。

　さらに年に一度、『査閲』と言う試験があります。陸軍から上官の軍人が多数やって来て、「この学校はしっかりやっているか否か」監査します。この教科に合格しないと、どんなに勉強ができても、卒業も進学もできなかったそうです。生徒たちは必死になって戦闘訓練を学びました。

◆ 徴兵不合格は一族の恥
　徴兵検査で不合格となるのは、「役立たず」「国への不忠者」として家中が肩身の狭い思いをさせられました。そうならないためにも、生徒たちは頑張ったのです。

益田農林学校（現：益田清風高校）

佐々木高等女学校 (現：鶯谷高校)

御国のために奉仕します。

　戦前の学校には、『勤労奉仕』という時間がありました。小学生から、男子も女子もです。農作業を手伝ったり、地域の行事に参加したり、最初のころは社会に出るボランティア活動のようなのどかなものでした。

　しかし、1931 年の満州事変、1937 年の日中戦争と戦争は拡大し、日本は軍事色を強めていきます。働き盛りの男性は兵隊に取られ、国内から労働力も不足し始めました。このころ『国民精神総動員』が始まり、戦争に勝つため、子供や小年少女を働かせる『勤労奉仕』は年々増えていきました。

　農地の開墾、整地などの土木作業。重労働が子どもや少年少女にまかされるようになったのです。

↑慰問袋作り　武儀高等女学校(現：関高校)
↓千人針　岐阜市平和資料室

◆ 勝つために、心を込めて…。

　女学校では農作業の他に、兵士を応援する奉仕がありました。弾よけになると言われる「千人針」や戦場の兵士を慰めるための「慰問袋」作りです。日用品や御守り、娯楽品に励ましの手紙をそえて入れました。
娯楽品がない時は絵を描くなどして手作りしました。

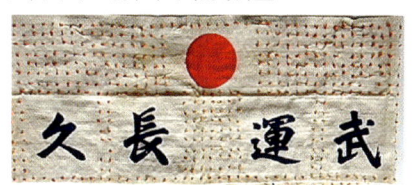

武運長久

日本

沖縄

硫黄島

マリアナ諸島

サイパン島

テニアン島

グァム島

フィリピン諸島

レイテ島

焼夷弾を落とす B29

米軍の、日本爆撃が始まる。

　1941年、ついに太平洋戦争が始まります。中国と戦っていた日本は、アメリカ、イギリスとも会戦し、世界を相手に戦うことになりました。当初日本は勝ち続けて領土を拡大していきますが、約1年後に戦況は逆転、アメリカの反撃に押し返されます。

　1944年6月、当時日本の領土になっていたマリアナ諸島のサイパン・テニアン島が、激烈な戦闘の果てにアメリカ軍に制圧されます。米軍は巨大な飛行場をつくり、B29戦闘爆撃機をおよそ1000機配備しました。ここから日本まで、無着陸で飛んで来て爆撃ができるのです。翌年3月には硫黄島も取られました。

　B29は日本向けに開発された焼夷弾（木造家屋を燃やす爆弾）を積み、これより日本各地の町には毎日のように火の爆弾が落とされるようになったのです。

川崎航空機工場で戦闘機の部品をつくる。富田高等女学校（現：富田高校）

武器も戦闘機も、私たちがつくる

　1945年、中学生や女学生たちに国から「授業は停止して、労働せよ」の命令が出されます。1～2年生は農地や土木現場に。3年生以上は、工場へ。戦況が逼迫していた日本にもっとも不足していた、戦闘機をつくる作業が大半でした。14歳から16歳の生徒たちが、戦闘機の部品づくりや組み立てを行っていたのです。

　「国の危機には、進んで身を捧げよ」小さなころからこの教えを叩き込まれていた生徒たちは、勉強も楽しみもすべて中断して懸命に働きました。しかしなれぬ作業でケガをしたり、また多くの生徒が配属された川崎航空機工場は陸軍の飛行場と隣接していたため、何度も空襲や爆撃を受け命を落とした生徒もいました。

　勉強することも、生徒が夢を持って進むことも、すべて禁止され国が勝つことのみを目標にしなければならない時代でした。

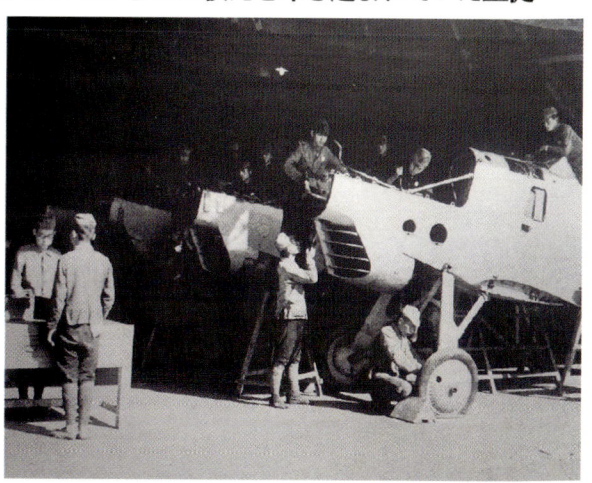

戦闘機の組み立て作業。川崎航空機工場で。
岐阜第一中学（現：岐阜高校）

勉強をやめて、戦場へ！

　日本の敗戦が濃厚（のうこう）になるころ、兵士の数が圧倒的に不足します。陸軍も海軍も中学生を対象に少年兵に応募するよう、呼びかけを強めます。新聞やラジオでもさかんに宣伝され、軍から各学校に割り当てまで出されました。学校が抵抗するには限界がありました。

◆ オレの寿命（じゅみょう）はあと5年？

　「この非常時に、学校行くより早く御国（おくに）のお役に立て！」「りっぱに死んでこい！」そのころの中学生はなにかにつけて、そんな事ばかり言われたそうです。

　「自分はあとどのくらい生きられるだろう…。どのみち成人する前に徴兵（義務）だし、20歳かもう少しぐらいか…。あの本も読みたいし、外国にも一度は行きたかったな。一度でいいから、彼女を作ってデートなんてできないかなあ…」

　口には出せないけれど、そのころの中学生は心の中ではこんな事を考えていたそうです。

〈左上〉斐太中学（現：斐太高校）
〈右上〉東京での学徒出陣（がくとしゅつじん）の行進
　　　ともに学業を中断して、陸軍および海軍に入隊。
　　　出征（しゅっせい）の時は盛大に送られた。

２階にハシゴをかけての防空・消火訓練　岐阜市立高等女学校（現：岐阜北高校）

爆弾が落ちても、訓練すれば大丈夫 !?

　空から飛来して攻撃するアメリカ軍に負けないために、『防空訓練』がさかんに行われました。

　爆弾から身を守るよう伏せること。防空壕という、かくれるための穴を掘ること。焼夷弾（火の爆弾）が落ちたらすぐに火を消すこと。ケガ人を救護すること。焼夷弾の火は消せると信じ、「訓練すれば負けない！」と教えられてがんばりました。

　命をかえりみない危険なやり方でしたが、それが国の方針で、学校は戦場と変わりませんでした。

〈右上〉掘った穴にもぐりこんで伏せる生徒たち。
〈右下〉防空頭巾をかぶり、タンカでケガ人を運ぶ
　　　訓練。２枚とも佐々木高等女学校(現：鶯谷高校)

将来は兵隊さん！の少年たちは…

　戦前は、健康な男子は、20歳になったら必ず兵士になる義務がありました。大戦末期の1944年には19歳に引き下げられ、それどころか16歳をすぎれば学校でも社会でも、「早く志願してお役に立ってこい！」と矢のような催促でした。

　学校では、心やすらぐ楽しい行事はのきなみ中止に。演劇、合唱、学芸会、はては運動会まで中止になったそうです。さかんに行われたのは軍事教練ばかり…。元気な生徒でも気がめいってしまいそうですね。

　少年たちの憩いのひとときは、友人たちと本音で語り合う時間だったそうです。

将来の夢は、言えない

　音楽家になりたいとか、研究者になりたいとか、夢があっても「とても口に出せる空気じゃなかった」と、当時を生きた人はふりかえります。

　「自分は立派な皇軍兵士になります！私たちはこの言葉しか言えない時代でした」

14歳の少年兵士たち 海軍特別年少兵

このダブダブの軍服と、まだあどけない少年たちの顔を見てください。

太平洋戦争の末期、祖国の危機を救おうと志願して入隊した少年たちです。前列中央の2名の指導教官をのぞいて、全員わずか14〜15歳。全国から集まった少年たちのうち、この写真に写っているのは岐阜県出身の子どもたちです。

1941(昭和16)年、それまで16歳以上としていた海軍の志願兵年齢を、特例として、14歳以上にまで引き下げ、国は少年兵を募集します。(「官機密第5921号」と「達第351号」) 教育期間はわずか一年半。

訓練が終わると、少年たちは激戦地に派遣されました。沖縄、硫黄島、戦艦大和…。各地で戦った少年兵は1期生から3期生まで1万2,900名のうち約5,000名、3分の1以上が戦死したと言います。15歳16歳での戦死でした。

写真の少年たちは4期生。「褌に血がにじむ」というきびしい訓練を受けていましたが、訓練期に戦争が終わったため、生きて故郷に帰ることができました。

「先輩たちはあの年で、たった一年半の訓練で、最前線で指揮をとる立場になった。ご遺族の前では口が裂けても言えないが、あれでは犬死だ。決してくり返すなと、後世の人には言いたい」

〈写真提供／片桐（旧姓：杉山）正光さん　最後列左から二人目が杉山さん〉

「本土決戦！」のころ

◆甲子園優勝校でもある、名門・岐阜商業に入ったというのに、野球が禁止になった。野球は憎い敵国のスポーツだからの理由だった。（岐阜商業学校 現：県立岐阜商業高校）

◆あこがれの白えりセーラー服を着られたのはわずかな時期。すぐに制服はモンペに、黒い鼻緒のゲタに変わった。御国の非常時と覚悟はしたけれど、本当はガッカリ。
（武儀高等女学校 現：関高校）

◆入学前に小学校の級友から意地悪された。すべての子が進学できるわけではないから、やっかみだった。その分、自分はしっかり勉強しようと思った。
（佐々木高等女学校 現：鶯谷高校）

◆晴れて進学したのに国の命令で英語は禁止。慰問袋を作ったり、薙刀や竹ヤリ訓練…。兵隊さんを送るのも大事な役目でした。
（富田高等女学校 現：富田高校）

（注）英語の授業は、岐阜一中や二中など、一部の中学では戦時中も行われました。

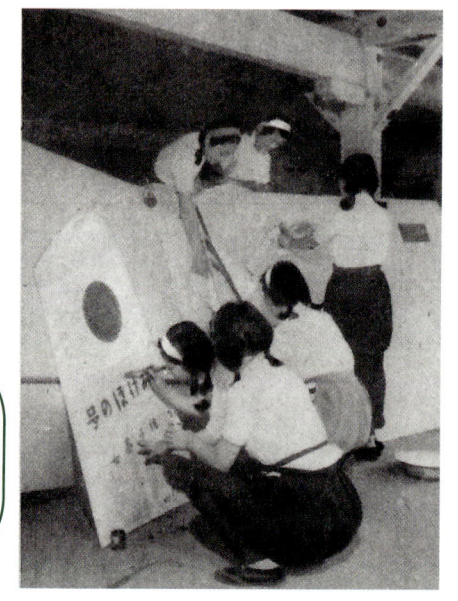

飛行機の尾翼をつくる女子生徒たち（東京）

◆文部省の通達で生徒の「卒業後の進学は2割まで」と制限が来た。8割の生徒には、「進学せず早く出征しろ。あるいは国のために働け」ということだ。学びたい子たちには大変なショックだった。
（岐阜商業学校 現：県立岐阜商業高校／職員）

◆真夏に、岐阜護国神社(ごこく)で整地(せいち)作業をした。重い土を入れた天秤棒(てんびんぼう) が肩に食いこんで痛い。でも「戦地の兵隊(へいたい)さんを思えば、何のこれしき！」と、みな頑張りました。
（佐々木高等女学校 現：鶯谷高校）

岐阜が空襲(くうしゅう)で焼け野原に！

◆妹と、加納城跡に逃げた。
あたりが真っ赤で熱く、のどもカラカラで…。
二人で泣きながらふるえていた。
（岐阜高等女学校 現：岐阜高校）

◆街が焼けるのをくやし泣きで見ていた。
（岐阜第一中学 現：岐阜高校）

◆学校が焼かれ、一学期の残りは焼け跡(あと)の整理に。
登校途中はあちこち死体がころがっていた。
（加納高等女学校 現：加納高校）

◆校舎(こうしゃ)がなくなって悲しかった。
消火訓練は頑張ったけれど、とても消せる火ではないと思った。
（富田高等女学校 現：富田高校）

◆空襲の時の宿直の先生に「消せんかったのか？」と聞いてやった。「できるか！」と、どなって返された。
（岐阜第一中学 現：岐阜高校）

◆自宅を焼夷弾(しょういだん)が直撃(ちょくげき)した。弾の油と火が顔や体について、燃えながら 逃げた。翌朝、焼けた死体のなかを両親をさがして歩いた。
（岐阜第一 中学 現：岐阜高校）

4. 戦争は終わった。でも…

　1945年8月15日、長かった戦争が終わりました。無条件降伏という完敗の形で。当初はショックや落胆と「敵軍が報復に上陸して来るぞ！」などの流言も飛んで市民は恐々としたそうです。その一方で「もうアメリカ軍の空襲は来ない」「防火訓練に追われることもない」と、安堵する空気は日々広がりました。

　しかし、約1カ月前の空襲で町は焼け野原。大切な家族や友人を、多くの市民が失っていました。家をなくした人も6割近く、生活品は何もかもが足らず、しかもこの年は数百年に一度と言われる大凶作でした。それまでの食糧不足をはるかに超える、飢えがせまっていました。

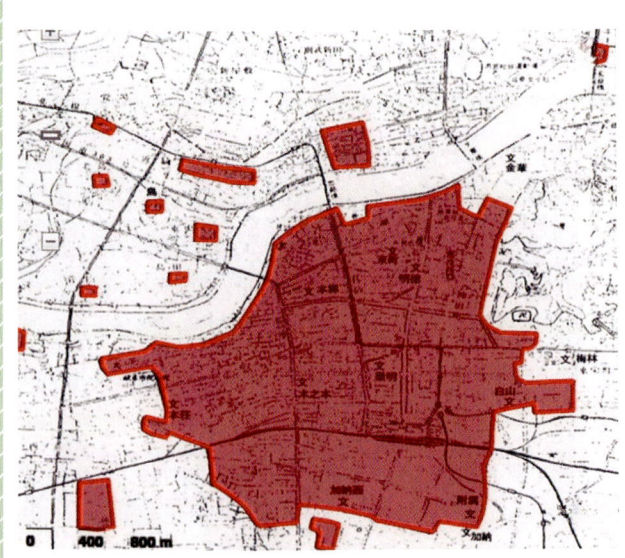

岐阜市街地の赤い部分が焼けた範囲。
約7割の学校が焼け、子どもたちは学びやをなくした。

焼け跡の岐阜第一中学（現・岐阜高校）
正面玄関のみ、鉄筋造りだったため焼け
残った。校庭のかなりの部分を畑にして
生徒の食糧にしていた。

↑ 1945年7月9日深夜のアメリカ軍空襲で、焼け野原になった岐阜市の市街地。ひと晩で約900名の市民が亡くなった。左端のタテに走る道は神田町（現・長良橋）通。右上に向かってななめに伸びるのが徹明町通。右端は、当時は一番大きい映画館だった岐阜劇場。今は岐阜高島屋が建つ。

　同年の9月2日、降伏文書の調印から日本は連合国軍最高司令官総司令部（GHQ）の占領下に入ります。占領軍は全国各地に派遣され、進駐軍と呼ばれました。そして激変したのは子どもたちの教育でした。

　「みんな、墨をすりなさい。教科書をひらいて、今から先生の言う場所に墨をぬって消しなさい」

　進駐軍がやって来る少し前から全国の小学校でこの光景がくり広げられました。それまでは「教科書は天皇陛下からいただいたもの。決して汚すとか落書きとかしてはいけない」ときびしく言われていた子どもたちには仰天の出来事でした。中学では『修身』や『國史』などの教科そのものが授業停止になりました。

（左）「墨塗り教科書　よみかた三」今の国語。（右）「墨塗り教科書　エノホン四」今の図画工作。
＜玉川大学教育博物館所蔵＞
「エノホン」は、上がぬられる前、下がぬられたもの。いさましく戦争や兵士をたたえるものや、天皇と国を神としてあおぐ内容が、主にぬりつぶす対象となった。

1950年ごろの柳ヶ瀬。占領軍の将校と学生。左の白衣は街頭募金をする傷痍軍人。

Boys in Occupied Japan

ボーイズ イン オキュパイド　ジャパン

占領下の少年たち

　空襲から敗戦（はいせん）、食糧不足、米軍の占領（せんりょう）。そして神国（しんこく）と戦争を称える軍国主義から初めての民主主義教育へ。混乱のさなかの学校ですごした少年たちの証言です。

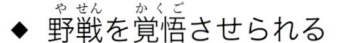

◆ 野戦（やせん）を覚悟（かくご）させられる

　そのうち岐阜にも進駐軍（しんちゅうぐん）がやって来るという夏の終わり、学校配属の将校（しょうこう）が僕らを集めて言った。「米軍が来たらお前らは山にかくれて順次攻撃（こうげき）をしかけろ！」もう戦争は終わったはずなのに…と内心思いつつも、半分ぐらいは覚悟を決めた。（岐阜工業学校　現：岐阜工業高校）

◆ 父の仇（かたき）を取ると誓（ちか）う

　父が南方（なんぽう）で戦死（せんし）した。その訃報（ふほう）からわずかで敗戦となった。次は平和国家になって戦争は放棄（ほうき）するのだという。

　ならば親父（おやじ）はいったい何のために死んだのか？親父が浮かばれぬではないか…。自分はアメリカ文化やら民主主義やらには決してなじまず、毎朝の神社参拝（さんぱい）で父の仇（あだ）を討（う）つことを誓い、戦時中と変わらぬ生活を2年近く続けた。（岐阜第一中学　現：岐阜高校）

◆激高した武道の教師

何もかもがきびしかった戦時中と違い、戦後の学校は気がぬけた感があった。その日、全校朝礼の時も生徒たちはダラダラ隣の奴と無駄話などしていた。

すると、朝礼台に立っていた若い教師が突然いきり立って叫んだのだ。

「貴様らがそんなふうだからアメリカなんぞに負けたんだ〜〜〜！！！」

この教師は京都武専（注）出のバリバリの軍国派。軍事教練で生徒たちをしごきまくった奴だった。敗戦後しばらくは黙りこくっていたのが爆発した状態だ。

「貴様らくやしゅうないんか！」「次こそ勝つぞ！」と、その教師は止まらない。

僕ら下級生はあっけにとられ、上級生たちは笑い出した。校長先生や他の先生たちが寄ってたかってその教師を引きずり下ろした。進駐軍に知られたら学校ごと処罰されると言われていたからだ。

教師たちの騒動を見て生徒全員が最後にはゲラゲラ笑った。子どもに教えることをコロッと豹変させた、大人を嘲笑していたのだ。（岐阜商業学校 現：県立岐阜商業高校）（注）武専＝戦前、武道の指導者を育成した専門学校。

◆半分盗み食いの流行

昼に弁当箱のフタをあけると、「ああ、今日もやられたか…」とため息が出る。半分食べられているのである。麦飯にわずかな野菜のおかず、梅干しまで器用に半分かじってある。盗み食いだ。

戦争に負ける前ごろから、弁当なぞ持ってこれない者が増えていた。朝もろくに食ってないだろう。盗む奴だって腹ペコで全部食いたいところを、こらえて半分残しているのだ。盗まれる自分たちだって腹が減っているのだから…。

そう考えれば先生に言いつける気にもならぬ。残り半分の弁当をだまって食べた。自分に限らずまわりもそうで、それは皆の習慣になっていた。「盗む方も人情、盗まれる方も人情」だったと思っている。（岐阜第一中学 現：岐阜高校）

戦争が終わって…

◆日本が負けた！信じられなかったが、自分一人でも最期（さいご）まで戦えばいいと思った。（岐阜第一中学 現：岐阜高校）

◆「日本は必ず勝つ」と聞かされ続けた。だからいろんなことを辛抱（しんぼう）してきた。勝つ以外の結果を考えたこともなかった。自分も死んでこの世が終わるのかと思った。（富田高等女学校　現：富田高校）

◆敗戦（はいせん）直後、「中国軍が上陸する」といううわさが飛んだ。大あわてで家族と食糧をかくした。
（岐阜第一中学 現：岐阜高校）

◆敗戦後、2学期開始の時も、教師も生徒も虚脱（きょだつ）状態だった。学校も世の中も、すさんでメチャクチャだった。
（武儀高等女学校 現：関高校／職員）

◆学校の授業が再開されたが、自宅が焼けた自分はえんぴつすらろくに無かった。コンサイスの英和辞典を持っている級友がうらやましかった。
（岐阜第一中学 現：岐阜高校）

◆米軍に爆撃されないために夜は暗くしていたが、戦争が終わったので電気をつけた。「こんなに明るいのか」と感動した。夜も本を読めてうれしかった。
（岐阜第一中学 現：岐阜高校）

あたらしい教育
「民主主義」って何だ？

◆それまでの教科書の大半が使用禁止になった。「修身」「地理」「國史」「古典」…授業もできず自習だらけに。わけが分からなかった。
（岐阜第一中学 現：岐阜高校）

◆まわりが落ち着いてくると、実感した。勉強って楽しい！
（岐阜第一中学 現：岐阜高校）

◆徴兵がなくなり兵隊に行かなくてよくなった。夢のようにうれしいことだった。（岐阜商業学校　現：県立岐阜商業高校）

◆配布された『新しい憲法のはなし』の、「戦争放棄」の内容に感服した。戦争の時のひどさを知っているだけに、もっともだと思えた。（新制：長良中学）

◆戦争中は、戦争を批判どころか、疑問を感じるだけで非国民と言われた。もちろん授業で教えられたこともない。しかし「教えられなかったから考えなかった」というなら、自分はあまりにおろかだった。「なぜ戦争をするのか」考える力を、人間は持ちつづけなければ。
（武儀高等女学校 現：関高校）

あたらしい憲法のはなし　文部省

岐阜市平和資料室

1945年7月9日、ひと晩で約900人の市民が犠牲になった岐阜空襲。空襲と戦争の惨禍を後世に伝え、平和について考えてもらうために、2002年、岐阜駅構内に開設されました。

入口では市内外から寄せられた折り鶴が出迎えてくれます。奥の常設展では、岐阜空襲と戦時の市民たちの豊富な資料を最新情報と共に紹介しています。

> ※入口の約3分の1は企画展スペースです。この本でご紹介した「戦時の子どもたち」などをテーマに、毎年の岐阜市主催『子どもたちに伝える平和のための資料展』（54P）で初公開し、その後平和資料室でその年の企画展として、毎年7月下旬に展示替えし一年間見ていただいています。

◆焼夷弾資料

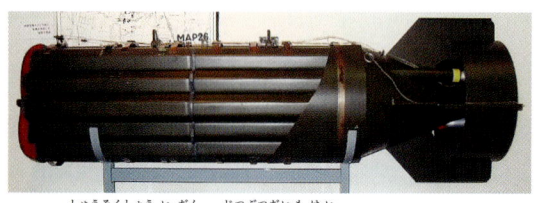

E-46 集束焼夷弾（実物大模型）
帝国書院、高校用『図説 日本史通覧』に掲載されています。

上の集束弾がばらけたM-69焼夷弾と立て板

M-47焼夷爆弾

◆戦時のおもちゃ、生活用品

鉄カブトの形のちゃわんや爆弾の形の貯金箱。生活用品も戦争に関わるものであふれていました。

焼夷弾資料の質と品揃えは全国でもトップクラスと言われています。

> ### 岐阜市平和資料室
>
> ★ JR岐阜駅改札より、東へまっすぐ徒歩約2分
> 〒500-8521 岐阜市橋本町1-10-23 ハートフルスクエアーG（2階）
> ■ 開館時間 午前9時〜午後9時（入場無料）
> ■ 休館日 毎月最終の火曜日 年末年始(12/29〜1/3)
> ■ 問い合わせ先 岐阜市役所 市民参画部男女共生・生きがい推進課
> 【施設管理・運営】岐阜市 【展示制作・資料保全】岐阜空襲を記録する会

岐阜空襲を記録する会 [岐阜市平和資料室　展示企画・運営団体]

http://yosisi.sakura.ne.jp

　戦争を体験した市民がまだ働き盛りだった1974年に、戦争の記録と継承を願って発足しました。会長は岐阜大学教授の山本堯さん（故人）。事務局長は現・代表の篠崎喜樹。当時の上松陽助市長も呼びかけ人に加わって、資料と証言の提供を広く市民に呼びかけました。

　結果、体験者の記憶が鮮明な時期に貴重な証言が多く集まり、資料集・写真集・体験記集を出版。岐阜で初めての空襲資料展には約4万人の見学者が集まりました。

　以来約40年、戦時資料の収集と記録を続けています。2002年の岐阜市平和資料室オープン時には、市より依頼され蓄積した資料を提供して展示を制作しました。以降、毎年の企画展づくりと資料のケアを行っています。

　2013年、岐阜市教育委員会より表彰。

　現在は、クリエイティブ職の経験を持つ女性スタッフを中心に、子どもにも分かりやすいパネルや平和講座のプログラムを作っています。発足当時の会員さんたちには、資料や証言の提供などで今も支えていただいています。

＜現在のおもな活動＞
◆ 調査・記録　戦争体験者からの聞き取りと、米国側の資料の収集。企画展や常設展で公開しています。
◆ 毎年の企画展づくり　戦時の子どもやお母さんなど、様々なテーマで作っています。
◆ 展示パネルの貸し出し　公開期間の終わったパネルを、近隣の資料館や図書館などにお貸ししています。
※岐阜市への届け出が必要です。
◆ 平和講座　平和資料室で。また中学校などに出張してお話ししています。

書籍ほか

『岐阜空襲誌』　1978年
　岐阜・大垣・各務原の空襲を網羅。戦時体制や教育、復興初期まで市民の証言をまじえて紹介しています。※絶版ですが、市内の図書館で借りられます。

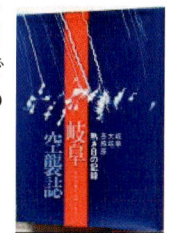

『芽ぶけ ミヤコよ』　1980年
　体験者の証言から、市内を4つのエリアに分けて岐阜空襲を紹介した絵本。8,000部を完売したため、再現画と朗読をDVDに編集し、学校や図書館にお渡ししています。

↑岐阜市平和資料室での平和講座
市立木田小学校3年生の見学風景。戦争していたころの、「中学1年生、平均身長のイラストボード」と、背くらべしてもらいました。もう同じぐらいの子もいますね。

←岐阜大学附属中学での平和講座

引用文献、ご協力者一覧

この本をつくるにあたり、以下の皆さまのご協力をいただきました。
また以下の書籍・資料を参照させていただきました。厚く御礼申し上げます。

＜ご協力者（敬称略）＞
稲垣澄子（岐高女）岩井弘光（資料）岩田一郎（写真）　片桐正光（海軍特年兵）
加藤恵理子（CGグラフ制作）　国安昌平（岐阜一中）近藤龍夫（写真）
清水武甲（写真）　杉山孝夫（岐阜商業）杉山善幸（岐阜工業）高木慈興（岐阜一中）
野原一晃（焼夷弾模型）村山美代司（岐阜一中）柳瀬博（資料）
江崎模型（株）　玉川大学教育博物館　斐太高校　仏心寺　美江寺観音

＜参考資料一覧＞
「写真週報」(昭和17〜20年)情報局　女子用教材「習字帖」「裁縫」
尋常小学校教科書「国語」「算数」旧制中学校教科書「修身」「國史」
国民学校教科書「ヨミカタ」「カズノホン」「ヨイコドモ」「エノホン」
「204円08銭の青春」岐中昭和23年卒一同　「岐商七十年物語」吉田国次
「岐阜県教育史　通史編/史料編」「学園の軌跡　富田学園創立100周年記念誌」
「学園のあゆみ　80年の歴史と伝統」鶯谷高校　「加納高校創立80周年記念誌」
「創立70周年記念誌」関高校　「岐阜県立益田高等学校80周年記念誌」
「岐阜空襲誌」「岐阜新聞アーカイブ」「一億人の昭和史」3・4 毎日新聞社

※なお写真の使用確認について、戦前など古いもので所有者やご連絡先が分からないものが
一部ありました。ギリギリまで所有者様と現在の連絡先を探しましたが判明せず、今回は使
用させていただいたことをお断りしておきます。

岐阜市主催の平和イベント

◆　平和の鐘
　岐阜空襲のあった7月9日は、朝から市内各地の寺
院や教会で追悼の鐘が鳴らされます。市内はおごそか
な空気に包まれます。『平和の鐘』式典では、空襲の
資料パネルをバックに中学生も大勢参加して、平和へ
の誓いと合唱が響きわたります。

◆　子どもたちに伝える平和のための資料展
　同じ会場で7月9日を挟んだ7月
上旬に開催されます。
　最新資料や話題のテーマを取り入
れた企画展を毎年公開しています。
制作は岐阜空襲を記録する会です。
　焼夷弾資料も広い会場で360度の
全方位から見ていただけます。

これからを生きるみなさんへ

　いま小学生や中学生、高校生のみなさん、あるいはかつて少年少女だったみなさん。70年以上前の、戦争をしていたころの少年少女たちの姿はいかがでしたか？

　私もその中の一人でした。国民学校が始まった年の一年生に入学し、『神国日本』に生まれたことを誇りに思い、将来は皇軍兵士として戦いぬくと決めていました。腹を空かせながら勤労奉仕に耐え、五年生で敗戦を迎えた直後には、ふるえる手で教科書に墨をぬりました。そして戦後の新しい学校制度（六三制）ができた年に中学に入学し、民主主義を初めて教えられ、心の底から感動したものでした。

　私よりもう少し年上の先輩たちは、敗戦後の社会の変化にはとまどいが大きかったようです。彼らは悩み苦しみ、それでも友人への思いやりを大切にしました。彼らに限らず、空襲や戦争で大切な家族や友人を亡くした人があまりに多かったからです。

　食べ盛りに腹を空かせ、多感な年ごろに社会の激変を味わった子どもたちですが、しかし彼らが大人になった時、日本は高度経済成長を迎えます。戦後の豊かで平和な日本は、この世代の子どもたちがつくったとも言えるのです。

　この少年少女たちの生きざまから、戦争とは何か、平和とは何かを深く考え、これからの世の中をつくっていってもらえれば、これに勝る喜びはありません。

　多くの方のご厚意に支えられて、この本ができました。

　40年以上にわたって貴重な資料や証言を寄せてくだった市民のみなさん。「戦争を分かりやすく子どもに伝える」という実は難しい作業を、たぐいまれなセンスで実現してくれる当会のスタッフたち。地方都市では希少と言われる良質な展示室、『岐阜市平和資料室』を造ってくださった岐阜市。そして今回、本の出版をお世話いただいた岐阜新聞情報センター出版室のみなさん。

　みなさまに心より御礼を申し上げます。

岐阜空襲を記録する会　篠崎喜樹

戦争のころの少年少女たち ～「欲しがりません、勝つまでは！」の時代に

「子どもたちに伝える平和のための資料展」パネル集

発 行 日	2018 年 8 月 10 日
編　　集	岐阜空襲を記録する会
企画・監修	篠崎 喜樹　代表 (元高校教諭、高専講師)
構成・文章	中島 裕子　学芸員 (元コピーライター) ※聞き取りとパネル制作
再現絵・図版	林　智子　平和講座講師 (イラストレーター)

発　　行	株式会社岐阜新聞社
制　　作	岐阜新聞情報センター出版室 〒 500-8822　岐阜市今沢町 12 岐阜新聞社別館 4 階 TEL 058-264-1620(出版室直通)
印　　刷	日本印刷株式会社

ISBN978-4-87797-260-8　C0021